Deux Frontins

LES

DEUX FRONTINS

COMÉDIE

Représentée pour la première fois, à Paris, sur le Théatre-Français, par les comédiens ordinaires de l'Empereur, le 10 juin 1858.

LAGNY. — Imprimerie de VIALAT

LES

DEUX FRONTINS

COMÉDIE

EN UN ACTE, EN VERS

PAR

MM. MÉRY ET SIRAUDIN

PARIS
MICHEL LÉVY FRÈRES, LIBRAIRES-ÉDITEURS
RUE VIVIENNE, 2 BIS

1858

PERSONNAGES

DUHAMEL..................................	MM. SAMSON.
GASTINEAU..................................	TALBOT.
FRONTIN, ancien domestique de Duhamel......	MONROSE.
ARTHUR, neveu de Frontin....................	LEROUX.
UN GARÇON D'HOTEL....................	MASQUILLIER.
MADAME DE LORMEAU, veuve..................	Mlle LAPIERRE.

La scène est à Paris, à l'hôtel du Helder, en 1857.

LES DEUX FRONTINS

Un salon. — Porte au fond, portes latérales; à gauche, une table et ce qu'il faut pour écrire; à côté, un canapé; à droite, une petite table.

—

SCÈNE PREMIÈRE.

GASTINEAU, FRONTIN.

GASTINEAU, assis à gauche.

Tu m'as compris?

(Fausse sortie.)

FRONTIN.

Parbleu!.. quand on ouvre la bouche,
Je comprends.

GASTINEAU.

Bon Frontin! ce dévoûment me touche;
Un valet! par le temps qui court, voilà du neuf!

FRONTIN.

Je suis comme on était avant quatre-vingt-neuf.

GASTINEAU.

C'est vrai!

FRONTIN.

Quand un Frontin voyait, à cette époque,
De son maître chéri la conduite équivoque,
Il l'arrêtait au bord de l'abîme... Aujourd'hui
Un maître ne veut plus obéir...

GASTINEAU.

Mais sur lui
Je veillerai pour toi.

FRONTIN.

Comprenez-vous qu'à l'âge
D cinquante ans et plus on quitte son village,

Son château paternel, pour voir quoi?.. l'Opéra,
Les Français, l'Odéon, le Louvre, et cætera!
Rien n'a pu l'émouvoir : ni larmes, ni prières,
Ni conseils!.. Il faudrait arrêter aux barrières
Tous les provinciaux âgés de cinquante ans
Qui viennent à Paris pour y perdre leur temps.

GASTINEAU.

Et tout le reste...

FRONTIN.

Avec... c'est ce que j'allais dire.
Mais ce n'est rien... voici l'anecdote pour rire :
e le crois amoureux...

GASTINEAU.

Impossible!

FRONTIN.

Certain!

GASTINEAU.

Et de qui?

FRONTIN.

D'un auteur.

GASTINEAU.

Un auteur!

FRONTIN.

Un latin
Qui parle comme un livre... une femme qu'on nomme
Un *bas-bleu* dans l'hôtel.

GASTINEAU.

Elle écrit?

FRONTIN.

Comme un homme!

GASTINEAU.

Jeune et jolie?

FRONTIN.

Hélas! elle a tout ce qu'il faut
Pour plaire; seulement elle a ce grand défaut :
Elle écrit...

GASTINEAU.

Sur?..

FRONTIN.

Sur tout!..

GASTINEAU.

Le défaut n'est pas mince.

FRONTIN.

Nous connaissons très-mal ces femmes en province ;
C'est un fruit de Paris, et je redoute un peu
Que mon maître, apprenant la couleur du *bas-bleu*,
Ne fasse une sottise !

GASTINEAU.

Elle serait trop forte !

FRONTIN.

Paris le rendra fou.

GASTINEAU.

Mais je veux qu'il en sorte !
Il partira ce soir. Toi-même que fais-tu
A Paris?

FRONTIN.

Moi? je pars... je crains pour ma vertu...
C'est décidé...

GASTINEAU.

Bientôt?

FRONTIN.

J'attends une visite...
Mon neveu... je l'ai fait prévenir au plus vite...

GASTINEAU.

Il sert comme...

FRONTIN.

Servir! lui! mon cher neveu!.. non,
Il est clerc de bazoche... il ennoblit son nom.
C'est un ambitieux, et je le laisse faire...
Je n'ai pas à Paris la plus petite affaire.

GASTINEAU.

Vous partirez ce soir.

FRONTIN.

Ce soir?

GASTINEAU.

A la vapeur.

FRONTIN.

Monsieur...

GASTINEAU.

Convoi de nuit, par l'*express-train*.

FRONTIN.

J'ai peur
De me trouver ici demain matin encore.

GASTINEAU.

Tu ne trouveras rien.

FRONTIN.

Oui, franchement, j'adore
Votre plan...

GASTINEAU.

Entre nous il est bien convenu.

FRONTIN.

Très-bien.

GASTINEAU.

S'il te demande : Eh bien! est-il venu
Gastineau? Tu diras : Non.

FRONTIN.

C'est aisé.

GASTINEAU.

Je pense
Que nous réussirons.

FRONTIN.

Voilà la récompense
D'un ami comme vous, d'un valet comme moi.

GASTINEAU.

A bientôt! au revoir! et je compte sur toi.

(Il sort par le fond.)

SCÈNE II.

FRONTIN, seul.

Un hobereau nourri dans les mœurs villageoises,
Un châtelain couvert d'habitudes bourgeoises,
Qui dans son âge mûr veut être dégrossi!
L'homme a donc un été de Saint-Martin aussi?..

SCÈNE III.

ARTHUR, FRONTIN.

ARTHUR, entrant.

Monsieur Frontin?

FRONTIN.

C'est moi!

ARTHUR.

Mon cher oncle !

FRONTIN.

En personne !

ARTHUR.

Parbleu ! voilà déjà deux heures que je sonne
Sans voir ouvrir la porte... Oh ! mon oncle est ici,
Ai-je pensé tout bas.

FRONTIN.

C'est un point éclairci.

ARTHUR.

Je viens vous demander un service.

FRONTIN.

J'écoute.
Que veux-tu ?

ARTHUR.

Vous savez, hélas ! ce qu'il en coûte
Pour être bien logé, mon oncle, dans ce temps
Où la maison est rare et manque aux habitants ;
Je voudrais me placer chez vous...

FRONTIN.

Pour secrétaire ?
Mon cher, cette maison n'est point un ministère,
Une maison de banque, une agence, un comptoir :
C'est un hôtel garni, comme tu peux le voir,
Où mon maître, monsieur Duhamel, à son âge,
Cinquante ans, vient manger, dit-on, un héritage...
Paris était son rêve, il trouvait tout enfant
Que l'air provincial est un air étouffant ;
Mais n'ayant pas un sou pour argenter son rêve,
Il a pendant vingt ans, sans ennuis et sans trêve,
Fait la cour à sa tante, et cet acte insensé
Vient par un testament d'être récompensé.

ARTHUR.

Est-ce sûr ?

FRONTIN.

Pour beaucoup c'est encore un mystère.

ARTHUR.

Avez-vous vu le legs ?

FRONTIN.

Non, j'ai vu le notaire.

ARTHUR.

Cela ne suffit pas.

FRONTIN.

Mais j'ai l'odorat fin,
Et je flaire de l'or aux environs.

ARTHUR.

Enfin !
La fortune a souri pour moi ! vite, une place !
Je cherche un domicile... Oui, cher oncle, de grâce,
Installez-moi...

FRONTIN.

Faut-il le redire deux fois?

ARTHUR.

Pardon, je me suis mal expliqué, je le vois...
Ecoutez bien ceci, mon oncle : je me nomme
Arthur, mais, sous ce nom, vous voyez le même homme,
Votre neveu Frontin, digne de ses aînés.
Les Frontins aujourd'hui sont perfectionnés:
Lorsque le maître parle, ils gardent le silence;
Le calcul a chez eux remplacé l'insolence;
Ils sont polis, ils ont des mœurs... et des gants blancs;
Ils parlent à voix basse, ils marchent à pas lents;
Et lorsque les Frontins aux répliques hardies,
Les Frontins turbulents des vieilles comédies
Meurent à l'hôpital, les nouveaux ont compris
Qu'ils peuvent exploiter un trésor d'un grand prix,
Leur maître ! et l'exploitant d'une main caressante,
On l'écorche en détail, tout vif, sans qu'il le sente ;
Si bien que fin décembre, après les douze mois,
Il nous reste toujours de l'or au bout des doigts.

FRONTIN.

Certes c'est un progrès !..

ARTHUR.

Ce discours vous indique
Que je veux me placer, mais comme domestique.
J'aime l'indépendance !

FRONTIN.

Et l'argent ?

ARTHUR.

Oui, je mets
A la caisse d'épargne, et n'y touche jamais.

Dix ans d'économie, et je puis vous promettre
Que Frontin, le neveu, prendra le rang de maître.
Placez-moi, vous verrez!

FRONTIN.

Avec douleur, je vois
Qu'ils sont évanouis tes rêves d'autrefois;
Et ta place de clerc que je t'avais donnée,
Qu'en as-tu fait, voyons?

ARTHUR.

Elle est abandonnée;
Vous avez trop nourri, mon oncle, cette erreur
Que j'étais né pour être un clerc de procureur.
Quatre ans j'ai grossoyé, dans une étude sombre,
Des protêts, des exploits, des requêtes sans nombre;
Quatre ans, j'ai fatigué mon indolente main
A traduire en gaulois le vieux code romain.
Mon patron, procureur certes des plus honnêtes,
Disait, en me lorgnant par-dessus ses lunettes :
« Ce garçon ira loin, s'il continue ainsi;
« Quand dix ans de travaux l'auront bien dégrossi,
« S'il obéit toujours à la main qui le mène,
« Je veux qu'il gagne au moins quinze francs par semaine. »
Mon oncle, vous savez que nous sommes de ceux
Qui naquirent avec un bras droit paresseux
Et l'appétit actif... vertus dont je me vante :
Jugez de ma colère et de mon épouvante,
Quand d'un bienfait pareil je me vis menacé!
Quinze francs!.. la famine et le travail forcé!
Alors, toujours épris de ma chère habitude,
Je me congédiai moi-même de l'étude,
Pour trouver dans Paris un maître obéissant,
Le bénéfice large, et le travail absent.

FRONTIN.

Le valet du moment : frac noir, cravate blanche;
Habillé tous les jours comme on l'est le dimanche;
Faisant la phrase avec tous les airs du bon ton;
Perruche redisant les mots d'un feuilleton;
C'est parfait! Tu vivras, les deux mains dans ta poche,
Avec l'esprit donné par quatre ans de bazoche,
Et si quelque faux pas jamais ne te fait choir,
Tu peux, riche rentier, mourir sur ton perchoir.

ARTHUR.

C'est mon ambition.

FRONTIN.

Mais tu descends !

ARTHUR.

Je monte !
Je gagne mille francs, table et loyer ; le compte
Est assez clair, je crois.

(Il remonte et regarde l'appartement.)

FRONTIN, à part, ayant l'air de réfléchir.

Bon, voilà le sujet
Qu'il nous faut, pour mener à bien notre projet ;
Le moderne Frontin, le valet incommode,
Domestique taillé sur la dernière mode !

ARTHUR.

Vous hésitez, mon oncle ?

FRONTIN.

Oui, je comble tes vœux ;
C'est fait, viens dans mes bras, ô perle des neveux !
Tu ne dois pas nourrir des espérances vaines ;
C'est le sang des Frontins qui coule dans tes veines,
Prends donc ma place ici ; tu seras de ton temps.
Moi, comme mes aïeux, j'ai valeté trente ans ;
Il ne me manquait rien, mais rien, pas même un vice !
Et voilà ce que j'ai gagné dans le service :
Ce classique habit bleu par le jaune rayé,
Que j'ai porté trente ans, et qui n'est pas payé.

ARTHUR.

Imitez-moi, mon oncle.

FRONTIN.

A présent ?.. à mon âge,
Puis-je de mon métier faire l'apprentissage ?
Puis-je vivre à Paris, même ?.. je manque d'air ;
A midi, j'ouvre l'œil et je n'y vois pas clair ;
A minuit, je le ferme, et bientôt il me semble
Que ma vitre se brise et que la maison tremble ;
Avant de m'endormir, je m'éveille en sursaut,
Croyant qu'un omnibus va me prendre d'assaut.
Est-ce vivre ? Il me faut les asiles champêtres,
Les châteaux de province où servaient mes ancêtres ;
Les longs jours paresseux, les repas abondants,

Et le droit de partage avec les intendants.

ARTHUR.

Vous aviez tout cela, mon oncle...

FRONTIN.

Et plus encore !
Que veux-tu ! le Frontin est un être omnivore,
J'ai tout mangé !

ARTHUR.

Comment ?

FRONTIN.

Ma foi, je n'en sais rien ;
C'est, je crois, un secret de famille.

ARTHUR.

Très-bien !
Je vous enrichirai malgré vous... dans une heure,
Placez-moi... point de temps perdu.

FRONTIN.

Soit.

ARTHUR.

Je demeure
Dans la rue, ici près, numéro trois... voici
Ma carte.

(Fausse sortie.)

FRONTIN, étonné.

Les valets ont des cartes aussi !

ARTHUR, revenant à gauche.

A propos !.. j'oubliais !.. dites, dans quelle espèce
Classez-vous ce monsieur ?..

FRONTIN.

Duhamel ?

ARTHUR.

Fort bien !.. Est-ce
Un sot, un niais, un fat, un homme intelligent,
Un avare, un bourreau de femmes et d'argent ?
Voyons.

FRONTIN.

C'est un esprit d'une étoffe assez mince,
Un peu rouillé par l'air d'un château de province ;
Honnête, confiant, et crédule à l'excès,
Voilà ses trois défauts.

ARTHUR.

Je réponds du succès.
Je n'ai ni capitaux, ni coupons sur la banque,
Mais l'adresse suffit, quand tout le reste manque.
L'adresse est à Paris un capital puissant,
Un million qu'on place à cinquante pour cent.

(Il serre la main de Frontin et sort lentement par le fond.)

SCÈNE IV.

FRONTIN; il s'asseoit et déchire la bande d'un journal.

Le règne des Frontins, hélas! va disparaître!
Paris a tout changé, tout détruit... si mon maître
Ne veut plus m'obéir; si maintenant je dois
Dans un gant jaune ou gris emprisonner mes doigts;
S'il faut quitter l'habit de mes aïeux célèbres
Pour le frac noir du deuil et des pompes funèbres;
S'il faut me supprimer la chanson en buvant
Et parler comme on parle aux grilles d'un couvent;
Si je dois, tous les soirs, faire le pied de grue
Aux portes d'un théâtre, en hiver, dans la rue,
Et ne voir le spectacle et l'acteur que de loin,
Sur une affiche jaune, et placardée au coin;
Si je dois devenir le facteur de mon maître,
Borner toute une intrigue à porter une lettre,
Et recevoir gaîment, de peur d'être battu,
Des femmes de tout sexe, et de toute vertu,
Je pars, adieu, Paris! tu m'as vu!.. par vengeance
Contre tous les wagons, je pars en diligence,
Et je vais faire voir, dans les pays lointains,
Au dernier postillon le dernier des Frontins.

(On sonne. — Il s'assied sur le canapé.)

On sonne... C'est monsieur Duhamel... sa sonnette

(On sonne.)

M'interrompt tous les jours, quand je lis ma gazette;

(On sonne.)

Faisons la sourde oreille, et s'il se fâche, alors
Je m'insurge, il me chasse, Arthur entre, et je sors.

SCÈNE V.

FRONTIN, DUHAMEL.

DUHAMEL ; il entre furieux par la gauche.

J'ai sonné quatre fois!

FRONTIN, sans se déranger.

Mais j'ai l'oreille bonne,
Je l'ai bien entendu.

DUHAMEL.

Marouffle! quand je sonne
Tu t'endors!

FRONTIN, toujours assis.

Je lisais un journal amusant;
Je commence toujours mon travail en lisant.

DUHAMEL.

Nous sommes à Paris, Frontin, et je t'engage
A changer avec moi de ton et de langage.

FRONTIN.

L'habitude est trop vieille, et je suis condamné
A mourir domestique et tel que je suis né.

DUHAMEL.

Maraud!

FRONTIN, se levant.

C'est mon prénom.

DUHAMEL.

Outré de ta conduite,
Je te chasse.

FRONTIN.

C'est bien!.. payez-moi.

DUHAMEL.

Tout de suite...
Tu m'as servi vingt ans?

FRONTIN; il se lève.

Et vous m'en devez dix.

DUHAMEL.

Et je paye...

FRONTIN, recevant les billets.

Aujourd'hui vaut bien moins que jadis!

Jadis, toute la vie, on gardait en otage
Son maître...

DUHAMEL, l'interrompant et lui montrant la porte.

Assez! faquin!

FRONTIN; fausse sortie, à part.

Je crois à l'héritage,

DUHAMEL, légèrement ému.

Et tu pars... sans me... dire un adieu?

FRONTIN.

Mais j'attends
Le vôtre... Commencez.

DUHAMEL, attendri.

Serviteur de vingt ans
Est un ami!

FRONTIN, attendri.

Je sors... mais le cœur est sensible;
Il saigne à ce départ...

DUHAMEL, d'une voix faible.

Reste donc.

FRONTIN.

Impossible!
C'est Paris qui me chasse et ne me retient pas...

DUHAMEL.

Tu le vois, je suis bon, j'ai fait le premier pas,
Fais le second...

FRONTIN.

Ma foi! j'en aurais bien envie,
Mais je suis un poltron, et je tiens à la vie.
Paris m'étouffera dans l'hôtel du Helder:
Mes poumons sont à sec; voyez, j'ai besoin d'air,
Je ne respire plus; veuillez bien me permettre
De rentrer au Berri, pour vivre, mon cher maître;
Quand vous aurez besoin d'air pur et d'arbres verts,
Je vous y recevrai toujours les bras ouverts.

DUHAMEL.

Mais il me faut quelqu'un pour me servir...

FRONTIN.

La chose
Est facile à trouver...

DUHAMEL.

Voyons.

FRONTIN.

Je vous propose
Un bon valet de chambre.

DUHAMEL.

Oui, c'est ce que je veux.

FRONTIN.

Mon parent.

DUHAMEL.

Ton parent?

FRONTIN.

Le meilleur des neveux!..
C'est le fidèle Arthur.

DUHAMEL.

Sais-tu son domicile?

FRONTIN.

Oui.

DUHAMEL.

Fais-le donc venir.

FRONTIN.

Oh! rien n'est plus facile.

DUHAMEL.

Va, cours, et sans adieu....

FRONTIN.

C'est dans les environs
Que loge mon neveu.

DUHAMEL.

Bien!... nous nous reverrons.

(Il sort par le fond.)

SCÈNE VI.

DUHAMEL.

Au fait, je n'en suis pas fâché; ce domestique,
Quand je veux rajeunir, me donne un air antique;
Il est trop vieux pour moi, surtout dans ce Paris
Où même les vieillards n'ont pas de cheveux gris!
Soyons jeune!... D'abord, ma première pensée
Est pour mon avocat... la chose est si pressée!

(Il prépare du papier pour écrire.)

Je puis à chaque instant lire dans mon journal :

« Duhamel a perdu sa cause au tribunal. »
J'irai voir mon conseil, et lui dirai : « Ma tante,
En me faisant un legs d'une somme importante,
M'a laissé sur les bras, à son dernier moment,
Un procès qui, perdu, rogne son testament.
Pour arriver au gain, un chemin de traverse
S'offre à moi, je le prends; car ma partie adverse
Est une jeune veuve, et moi je suis garçon :
On peut donc arranger la chose sans façon. »

SCÈNE VII.

DUHAMEL, GASTINEAU.

GASTINEAU.

Pas un valet! Alors je m'annonce moi-même.

DUHAMEL.

Gastineau!

GASTINEAU.

Duhamel!

DUHAMEL, courant à lui.

Le seul ami qui m'aime!
Embrassons-nous, mon vieux, et sois le bienvenu!

GASTINEAU.

Ainsi, du premier coup, tu m'as donc reconnu?

DUHAMEL.

Mais tu n'es pas changé!

GASTINEAU.

Voyons que j'examine
Ta personne... Toujours teint frais et bonne mine!...
Et tu viens à Paris pour...

DUHAMEL.

M'amuser un peu.

GASTINEAU.

T'amuser!

DUHAMEL.

En province, on meurt à petit feu.
Je suis riche, et je veux employer ma richesse
A réjouir les ans qui suivent la jeunesse!
Mes cheveux noirs déjà se nuancent de gris...

GASTINEAU.

Voyons, que feras-tu ?

DUHAMEL, avec une exaltation comique.

Ce qu'on fait à Paris :
Babylone moderne, océan de délices !
J'aime le bal, le jeu, les soupers, les coulisses ;
J'aime tout ce qu'on fait dans ce monde vivant,
Et tout ce qu'on y donne, et tout ce qu'on y vend !
Si je lis un roman moderne, je m'exalte
En songeant que mon pied va fouler cet asphalte
Où je puis chaque jour voir luire à mon côté,
Sous le châle ou le frac, l'esprit et la beauté !
Astres du boulevard qui, sur leur beau domaine,
Choisissent, tous les soirs, l'heure où l'on se promène !
O Paris ! je te tiens ! dans tes murs je renais !
Capitale inconnue, enfin je te connais !

GASTINEAU.

Il est devenu fou !

DUHAMEL.

Qui ?

GASTINEAU.

Toi... Cela t'offense ?
Je ne retrouve plus mon vieil ami d'enfance,
Mon sage Duhamel...

DUHAMEL.

Donc Duhamel a tort
Si ce sage vivant ne veut plus être mort ?

GASTINEAU.

S'il veut vivre à Paris, à son âge, en jeune homme...

DUHAMEL.

Mais...

GASTINEAU.

Oui, ce Duhamel, sur-le-champ je le nomme
Fou, comme on n'en voit pas aux Petites-Maisons.

DUHAMEL.

Bien ! j'ai reçu l'offense, et j'attends les raisons.

GASTINEAU.

Les raisons ? les voici : — Duhamel, tu te lèves,
Après un long sommeil, le front rempli de rêves ;
Tu tombes de la nue, et tu ne connais pas
Le dangereux terrain où s'égarent tes pas ;

Je le connais! Tu viens, comme un bon patriarche,
Crédule et primitif, avec les mœurs de l'arche,
Pour payer à prix d'or ces plaisirs tapageurs
Vantés par les chansons des commis voyageurs.
Naïf provincial, je te donne une année
Pour voir ta caisse vide et ta fraîcheur fanée;
Pour voir, devant l'arrêt d'un coup de dé fatal,
Partir tes revenus avec ton capital.
Car on t'entraînera dans ces salons infâmes
Où l'on sait biseauter les cartes et les femmes;
Tu connaîtras bientôt ces soupers où l'on sert
L'ivresse à chaque plat, les cartes au dessert;
Où d'un faux colonel la veuve et l'orpheline
Vont tendre leurs filets tissus en crinoline;
Où l'aube voit toujours vingt joueurs assoupis
Sur le vin de la nappe ou le punch du tapis!
Voilà ce qui t'attend, voilà ce qui t'invite.
Ami, suis mon conseil; hâte-toi, rentre vite
Sous le toit paternel; vis comme tu vivais;
Lis et joue au boston quand le temps est mauvais;
Quand il fait beau va voir ton jardin, tes voisines;
Va voir tourner la roue au moulin des usines;
Intente des procès à des voisins jaloux;
Pêche, fais-toi chasseur, tends des piéges aux loups;
Vois coucher le soleil, contemple la nature,
Infuse-toi le goût de la pisciculture;
Avec ce court programme, avant nous inventé,
On garde deux trésors : l'argent et la santé!

DUHAMEL.

Il est fou!

GASTINEAU.

Qui?

DUHAMEL.

Toi!

GASTINEAU.

Bon!

DUHAMEL.

Toi.

GASTINEAU.

La raison est folle!

DUHAMEL.

Oh! n'allons pas brouiller, pour un sujet frivole,
Deux vieux amis...

GASTINEAU.

Frivole!... Ah! c'est trop fort! Je vois
Un aveugle chargé d'un trésor dans un bois,
A minuit; j'ai pitié de son étourderie;
Fort charitablement j'interviens : je le prie
De chercher un lieu sûr; je le prends par la main,
J'offre de l'emmener sur un meilleur chemin...
Et l'aveugle...

DUHAMEL, l'interrompant.

Oh! finis!... j'y vois clair; à mon âge
On se conduit tout seul; cessons ce badinage.

GASTINEAU.

Tu partiras.

DUHAMEL.

Mais non.

GASTINEAU.

Oui, je te le promets,
Tu partiras...

DUHAMEL.

Je reste.

GASTINEAU.

Avant ce soir.

DUHAMEL.

Jamais!

(Écoutant.)

J'entends un bruit de pas... finis.

(Il remonte vers le fond.)

GASTINEAU.

Je recommence.
Je veux que mon bon sens éclaire ta démence.

SCÈNE VIII.

FRONTIN, ARTHUR, DUHAMEL, GASTINEAU.

(Arthur, habillé au dernier goût du jour; Frontin entre et présente Arthur; Duhamel s'incline et l'introduit en lui faisant signe de s'asseoir.)

DUHAMEL, à Gastineau, l'interrompant avec vivacité.

Sans doute l'avocat!

(A Arthur.)

Je vous prie, un instant...
Je cause avec Monsieur d'un sujet important,
Et j'ai fini...

(Arthur regarde Frontin et paraît embarrassé.)

DUHAMEL, bas à Gastineau.

Parlons, s'il te plaît, d'autre chose...

(A Arthur.)

Veuillez bien vous asseoir...

(Arthur s'assied sur le canapé. — A Gastineau.)

Tu sais qu'on me propose
Au cercle de Momus...

GASTINEAU.

Oui, mais je sais aussi
Qu'au premier examen tu n'as pas réussi;
C'est un échec déjà!

DUHAMEL.

Mais cet échec me blesse...

GASTINEAU.

Je t'expliquerai tout.

DUHAMEL.

Explique.

GASTINEAU.

Je te laisse;
Mais à bientôt.

DUHAMEL.

Qui m'a joué ce tour d'enfer?

GASTINEAU.

Ce soir, tu partiras par le chemin de fer.

(Duhamel fait un signe d'impatience. Gastineau sort par le fond et salue Arthur.)

SCÈNE IX.

ARTHUR, DUHAMEL, FRONTIN.

DUHAMEL, à Arthur, avec beaucoup de politesse.

Excusez-moi, Monsieur, il s'agissait d'un membre
Du cercle de Momus...

FRONTIN, à Duhamel.

C'est le valet de chambre...

Arthur... mon cher neveu...

DUHAMEL, changeant tout à coup de manières.

Que ne le disais-tu ?

FRONTIN.

Mais...

DUHAMEL.

Tu mériterais vraiment d'être battu !...
C'est bien! Laisse-nous seuls...

RONTIN.

Je dois...

DUHAMEL.

Tu dois te taire.

FRONTIN.

Bon ! puisque mon silence a le don de vous plaire,
Je me tais.

DUHAMEL.

Et va-t'en.

FRONTIN, à part.

Laissons chez le berger
Le loup ; avant ce soir, il va tout ravager ;
Et je gagerais bien cent contre un...

DUHAMEL.

Je t'ordonne
De suivre sans retard les avis qu'on te donne.

FRONTIN.

Mais on ne change pas ses mœurs en un moment !
Vous savez que je sors toujours très-lentement.

(Il sort par le fond.)

SCÈNE X.

ARTHUR, DUHAMEL.

DUHAMEL, à part.

On ne peut avec lui finir la moindre affaire !

(A part.) (Haut. — Revenant au calme.)

Il se nomme Arthur... Bien... Voyons... que sais-tu faire ?

ARTHUR, avec modestie.

Tout.

DUHAMEL.

Peste !... c'est beaucoup...

ARTHUR.

Vous pouvez essayer.

DUHAMEL.

Tu sais...

ARTHUR.

Je n'aime pas m'entendre tutoyer ;

DUHAMEL.

Ah!

ARTHUR.

Ce ton familier sent trop les mœurs anciennes,
Les mœurs d'un autre temps... chaque époque a les siennes.

DUHAMEL.

Mais vous êtes pourtant le neveu de Frontin?

ARTHUR.

Oui : *nepos, sed alter.*

DUHAMEL.

Tiens! il parle latin!

ARTHUR.

J'ai remporté deux prix... pour les langues antiques.

DUHAMEL.

Comme tout est changé, mon Dieu!

ARTHUR.

Les domestiques
Ne sont plus aujourd'hui ce qu'il furent; les rangs
Se mêlent; les petits ont la taille des grands;
La domesticité n'a rien de subalterne :
Vous êtes à présent, dans le monde moderne,
Pater familias, comme chez les Latins,
Époque antérieure au règne des Frontins.
C'est une grande erreur de croire qu'on progresse :
Nous remontons aux jours de Rome et de la Grèce;
On ne sert plus, on aide, et chacun a sa part
Dans le travail commun; le service est un art.

DUHAMEL, à part.

Ce garçon me fait peur!

ARTHUR.

Tout ce que je redoute,
C'est un hôtel garni... vous en sortez?..

DUHAMEL.

Sans doute.
La femme d'un procès loge ici, j'ai voulu

Me faire son voisin ; mais je suis résolu
A m'établir chez moi, là, dans les quartiers riches.

ARTHUR.

Je veux vous abonner aux *Petites-Affiches*...
Il vous faut un hôtel entre jardin et cour :
Nous trouverons cela... Ferez-vous un séjour
Assez long à Paris ?..

DUHAMEL.

Quatre mois... A l'automne
Je compte voyager...

ARTHUR, effrayé de ce projet.

Voyager !.. Je m'étonne
De voir un homme sage et prudent comme vous
Courir dans la vapeur! l'atmosphère des fous...

DUHAMEL.

Mais, pourtant, il faut voir...

ARTHUR.

Oui, c'est une folie !
Il faut voir ! il faut voir !.. quoi donc ?

DUHAMEL.

Mais l'Italie !

(Avec enthousiasme.)

L'Italie ! un pays géant !

ARTHUR.

Géant usé
Jusqu'à la botte ! Un nain par l'orgie épuisé,
Ouvrant sa serre chaude aux valétudinaires,
Et fondant l'Hôtel-Dieu des Anglais poitrinaires.

DUHAMEL, à part.

Quel beau style !

(Haut.)

L'Espagne...

ARTHUR.

Oh ! ne m'en parlez pas!
Aimez-vous chaque jour à faire deux repas ?

DUHAMEL.

Trois.

ARTHUR.

J'en fais quatre, moi. Si je vous accompagne,
Nous périrons de faim tous les deux en Espagne.
Un pays sans cuisine.

DUHAMEL.

On y danse très-bien !
On y fume...

ARTHUR.

Beaucoup! mais on n'y mange rien ;
Et même il faut toujours dans ce voyage triste
Servir votre servante et nourrir l'aubergiste.

DUHAMEL, à part.

C'est un peu vrai...

(Haut.)

La Suisse?

ARTHUR.

Ah! quel ennui mortel!
La Suisse ! il faut la voir, mais dans *Guillaume Tell.*
La Suisse est le plus plat des pays de montagnes...
Vous avez là, tout près, dans nos belles campagnes,
Le village d'Enghien; vous le voyez d'ici :
Lac, trois bœufs, un chalet; la Suisse en raccourci.
L'univers est chez nous... ne suivons pas la foule ;
Ce globe ne vaut pas la peine qu'on le foule.
On ne doit voyager que dans Paris ; je vois,
Le cœur serré, partir, chaque jour, les convois ;
Où vont-ils ? nommez-moi d'autres villes qui donnent
A ces chrétiens errants tout ce qu'ils abandonnent ?
Où retrouveras-tu, coureur extravagant,
La pluie ou le soleil du boulevard de Gand ?
Une ville qui donne un plaisir à toute heure ;
Le théâtre où l'on rit; le théâtre où l'on pleure ;
Des jardins et des bois semés de promeneurs ;
Des restaurants garnis d'un peuple de dîneurs ;
Cinq cent mille piétons circulant à leur aise ;
Un public prosterné devant un *ut* dièse ;
Et l'année accordant, par faveur, aux ennuis,
Trois cent soixante jours de fête, et pas de nuits ?

DUHAMEL, à part.

Quel garçon précieux!...

(Haut.)

Oui, je vous le proteste,
C'est un peu mon avis.

ARTHUR.

Dispensez-moi du reste...

SCÈNE XI.

LES PRÉCÉDENTS, UN GARÇON D'HOTEL.

LE GARÇON, annonçant du fond.

Madame de Lormeau !

DUHAMEL, à Arthur.

La femme du procès!

ARTHUR, à part.

Cette femme est de trop.

DUHAMEL.

Je suis sûr du succès;

J'ai mon plan...

ARTHUR.

Un procès ?..

DUHAMEL.

Oui, pour un héritage.

ARTHUR.

Comptez encor sur moi...

DUHAMEL.

Vraiment ?

ARTHUR.

J'ai fait mon stage.

(Il sort par la gauche.)

SCÈNE XII.

DUHAMEL, MADAME DE LORMEAU.

DUHAMEL.

Ma voisine, je suis votre humble serviteur!

MADAME DE LORMEAU.

Bonjour, mon ennemi.

DUHAMEL.

C'est un titre flatteur
Que vous me donnez là... Si vous preniez la peine
De vous asseoir, Madame...

(Il lui donne un fauteuil à droite.)

MADAME DE LORMEAU.

Oui, je suis hors d'haleine...

J'ai passé le matin à courir le Palais
Et ses vieux carrefours...

DUHAMEL.

Ils sont tristes...

MADAME DE LORMEAU.

Et laids!..

(Elle s'assied.)

J'ai vu trois avocats... trois de trop.

DUHAMEL.

Il me semble
Qu'un seul est suffisant.

(Il s'assied près d'elle.)

MADAME DE LORMEAU.

Trois qui parlaient ensemble!
J'aime mieux le trio de *Norma*.

DUHAMEL.

Je crois bien.
Et qu'ont-ils décidé pour notre affaire?

MADAME DE LORMEAU.

Rien!
Selon l'usage...

DUHAMEL.

Ainsi, ce procès vous tourmente?

MADAME DE LORMEAU.

J'ai deux migraines!

DUHAMEL, à part.

Bon! courage!.. Elle est charmante!

(Haut.)

Comptez-vous à Paris faire un long séjour?

MADAME DE LORMEAU.

Oui.
Paris me plaît beaucoup.

DUHAMEL.

Moi, j'en suis ébloui!

MADAME DE LORMEAU, avec volubilité.

Après notre procès, une importante affaire
Me retiendra longtemps... Je cherchais un libraire,
Je l'ai trouvé; bien plus: un libraire étonnant,
Qui paye avant la lettre, un phénix maintenant!
J'avais un manuscrit, qui, d'après mon estime,
Fait quatre in-octavo... c'est un roman intime,

Peut-être trop profond pour ce Paris moqueur;
J'y dédaigne l'esprit, j'y prodigue le cœur.
Il aura du succès, surtout parmi les veuves..
Mais ce n'est rien; il faut corriger les épreuves,
Revoir mon manuscrit, un travail infernal!
Puis chauffer la critique et voir chaque journal,
Chaque fermier d'annonce, afin qu'on me proclame
Reine des romanciers, en payant la réclame;
Il me faut de Paris faire vingt fois le tour
Et prendre des coupés à douze francs par jour.

DUHAMEL, à part, avec enthousiasme.

C'est un auteur!

MADAME DE LORMEAU.

On sait ce que coûte la gloire!
Mon procès maintenant n'est plus qu'un accessoire,
Après le manuscrit travaillons le succès.

DUHAMEL, à part.

Elle écrit des romans!

MADAME DE LORMEAU.

N'importe! ce procès
Me pèse, et dans mes nuits au travail consacrées,
Je vois trop d'avocats et de choses timbrées.

DUHAMEL, avec mystère.

Nous avons dit un mot déjà...

MADAME DE LORMEAU.

Qu'avons-nous dit?

DUHAMEL.

Pour terminer enfin...

MADAME DE LORMEAU.

Quoi?

DUHAMEL, riant.

Ce procès maudit!

MADAME DE LORMEAU.

Êtes-vous sérieux quand vous riez?

DUHAMEL.

Madame,
Le rire est sur le front, le sérieux dans l'âme.

MADAME DE LORMEAU.

Mes yeux ne portent pas si loin...

DUHAMEL.

C'est peu profond;

Vous allez voir : ce que tant d'autres plaideurs font,
Nous le ferons aussi, car rien n'est plus facile;
Nous habitons tous deux le même domicile;
Nous mettons en commun les dossiers vermoulus,
Tous les papiers timbrés que nous n'avons pas lus
Et qui coûtent si cher; et puis je vais descendre
A l'office, et je mets notre procès en cendre;
Et, l'incendie éteint, je vous fais un serment
A l'autel conjugal de l'arrondissement...
Vous gagnez le procès...

MADAME DE LORMEAU, avec mélancolie, se levant et passant à gauche.

Je gagne l'esclavage.

DUHAMEL.

Je prends le gain pour moi.

MADAME DE LORMEAU.

C'est si doux le veuvage!

DUHAMEL.

Vous serez veuve encore une fois... c'est bien mieux!
Vous serez toujours jeune, et moi je me fais vieux!

MADAME DE LORMEAU.

Vous parlez aussi bien qu'au palais.

DUHAMEL.

Sur mon âme,
Vous ne me flattez point... j'espérais mieux, Madame.

MADAME DE LORMEAU.

Croyez-vous mon procès dangereux, franchement?

DUHAMEL.

Oui.

MAMAME DE LORMEAU.

Mais mon avocat dit qu'il est bon.

DUHAMEL.

Il ment.

MADAME DE LORMEAU.

Il ne ment pas!.. j'ai mis ma petite fortune
Dans ce procès; cent fois j'ai raison au lieu d'une :
Le bon droit m'est acquis, et les hommes experts
M'approuvent tous; eh bien! si je plaide, je perds?
Allons, marions-nous, c'est plus sûr : le notaire
Vaut mieux que l'avocat pour finir notre affaire.
Je vous quitte un instant, je monte et vais chercher

Les papiers qui ce soir timbreront ou bûcher.

(Elle sort par le fond. — Duhamel lui baise la main et paraît au comble de la joie.)

SCÈNE XIII.

DUHAMEL, puis ARTHUR, qui a tout écouté au fond. Il se frotte les mains.

DUHAMEL, descendant à droite.

Me voilà marié !

ARTHUR, à part.

Marié !.. pas encore...

Point de femme chez moi...

DUHAMEL.

Je sens que je l'adore ;

Nos âges sont d'accord : elle a vingt ans, je crois,

Et moi, depuis sept ans, j'en ai quarante-trois...

(Il voit Arthur qui fait un mouvement.)

Écoute !...

(Arthur fait un mouvement.)

Écoutez-moi...

ARTHUR.

Parlez...

DUHAMEL.

Je me marie...

ARTHUR, avec un sourire d'incrédulité.

Ah !

DUHAMEL.

Sérieusement...

ARTHUR.

Quelle plaisanterie !

DUHAMEL.

Tu me trouves...

ARTHUR.

Pardon...

DUHAMEL, se reprenant.

Vous me trouvez plaisant ?

ARTHUR.

Eh ! sans doute ! vivons comme on vit à présent.

Chaque siècle a ses mœurs... Voyons, qui se marie ?
Qu'on me cite un seul nom ! Allez à la mairie
Et lisez le tableau; là, sont emprisonnés
De pauvres artisans au travail condamnés,
Des bourgeois qui, lassés d'avoir des jours prospères,
Veulent être maris pour imiter leurs pères;
Mais des gens comme il faut, des hommes de loisir,
Qui n'ont que l'embarras, lorsqu'ils veulent choisir,
Vous n'en trouverez point sur la liste fatale
Que, sur ses murs jaunis, une mairie étale !
Et vous, Monsieur, et vous, qui, dans un vieux château
Bien triste, avez bâillé trente ans incognito,
Libre enfin, secouant la province mortelle,
A peine émancipé, vous rentrez en tutelle !
Vous suivez le conseil d'un caprice coûteux,
Qui met la chaîne au pied et vous rendra boiteux !
Non, non, vous avez droit à d'autres destinées;
Vous devez embellir vos plus jeunes années,
Garder libres toujours votre cœur et vos pas,
Vous sortez d'un tombeau, vous n'y rentrerez pas,

DUHAMEL, ému.

Ma foi ! cela me donne à réfléchir !..

ARTHUR.

Si j'ose
Être franc, veuillez bien m'excuser...

DUHAMEL.

Mais la chose
Est grave au dernier point... ah ! le procès !.. voilà
Ce qui dérange tout !

ARTHUR.

Je vous attendais là;
Il sera terminé tout à votre avantage.
Je vous ai déjà dit que j'avais fait mon stage :
Je pourrais, au besoin, être docteur en droit;
Je connais votre affaire, et sur le bout du doigt;
Mon oncle me l'a dite... il s'agit de prairie
Qu'on vous rogne depuis vingt-neuf ans... Je parie
Que vous allez gagner la cause en deux instants,
Car la prescription est nulle; il faut trente ans.

DUHAMEL, enthousiasmé.

Ah ! quel trésor j'ai là ! tu... non, vraiment, vous êtes

Un garçon précieux...

ARTHUR.

Ouvrez vos deux gazettes,
Et vous y trouverez, bien ou mal défendus,
Trente procès pareils, tous gagnés...

(A part.)

ou perdus.

DUHAMEL.

C'est bon! je resterai plaideur célibataire;
J'appelle un avocat. . et renonce au notaire.

ARTHUR.

Homme sage!

DUHAMEL.

Je tremble, en songeant au danger
Que je viens de courir pour être trop léger!

ARTHUR.

Je vous rends vos vingt ans.

DUHAMEL.

Merci, je les accepte.

ARTHUR.

Et souvenez-vous bien toujours de ce précepte:
Soyez mari partout, et garçon à Paris!

DUHAMEL.

Quel précepte! Où peut-on le voir?

ARTHUR.

Dans mes écrits.

(On entend la voix de madame de Lormeau.)

DUHAMEL, effrayé.

La voici! je l'entends... le cas devient critique.

ARTHUR.

Moi je la recevrai.

DUHAMEL, avec enthousiasme.

Je sors... quel domestique!

(Il sort par la gauche.)

SCÈNE XIV.

ARTHUR, puis MADAME DE LORMEAU.

ARTHUR.

Femme, maîtresse, ami, ces tyrans des maisons,

Je les chasserai tous; il faut oser : osons.

(Il s'incline devant madame de Lormeau, qui va s'asseoir à gauche, sur le canapé.)

Vous attendez monsieur Duhamel?

MADAME DE LORMEAU; elle dépose un dossier sur la table.

Une affaire...

ARTHUR.

Je la connais...

MADAME DE LORMEAU.

Monsieur est-il son secrétaire?

ARTHUR.

Mieux que cela, Madame;

MADAME DE LORMEAU.

Alors un des parents?..

ARTHUR.

Mieux encore...

MADAME DE LORMEAU.

Un ami?

ARTHUR.

Mieux encore... je prends
Le plus vif intérêt à tous les deux, Madame,
A monsieur Duhamel, comme à vous; c'est mon âme
Qui va s'ouvrir ici, qui parle en ce moment,
Daignez donc l'écouter.

MADAME DE LORMEAU, à part.

Ce jeune homme est charmant.

ARTHUR.

Je connais Duhamel; c'est un de ceux qu'on nomme
Un vrai provincial, un bourgeois... honnête homme
Au fond, mais voilà tout; dans les mœurs du présent,
Pour briller à Paris ce n'est pas suffisant.

MADAME DE LORMEAU.

Tout le monde est honnête.

ARTHUR.

A peu près.

MADAME DE LORMEAU.

Et la preuve,
C'est que depuis cinq ans on me respecte veuve.

ARTHUR.

A part les criminels, on est assez moral;
C'est un hommage à rendre au siècle en général...

Passons... Puis-je savoir comment un esprit sage,
Dans ce siècle de l'or, comprend le mariage,
Madame?

MADAME DE LORMEAU.

A la rigueur je ne le comprends pas.

ARTHUR.

Fort bien!

MADAME DE LORMEAU.

Mais entre nous, je vous le dis tout bas,
Les procès me font peur, et...

ARTHUR.

La cause est instruite,
Je sais tout.

MADAME DE LORMEAU.

J'aime mieux demain être conduite
A l'autel qu'au palais.

ARTHUR.

C'est Charybde et Scylla.
Deux écueils: le premier...

MADAME DE LORMEAU.

J'aime mieux celui-là.

ARTHUR.

Chacun son goût.

MADAME DE LORMEAU; elle se lève.

Et puis, ma sagesse raisonne,
J'ai l'œil fin; j'étudie et ne connais personne.
Qui mieux que votre ami Duhamel, dans Paris,
Soit digne d'honorer le peuple des maris?
C'est un bourgeois docile et naïf, digne d'être
L'honorable pendant du portrait d'un ancêtre;
Un oncle, heureusement délivré de neveux,
Répondant: Oui, toujours, quand on dit: Je le veux;
Le mari de mon rêve. A ma première épreuve,
Comme je n'avais pas le malheur d'être veuve,
J'ai vu de mauvais jours! Maintenant, je le vois,
Pour être heureuse, il faut se marier deux fois.
La première ne sert qu'à régler la seconde;
Et tout irait bien mieux, en notre pauvre monde,
Si les maris étaient assez galants toujours
Pour mourir les premiers, au printemps de nos jours.

ARTHUR.

Nous verrons ce progrès.

MADAME DE LORMEAU.

Aujourd'hui, la sagesse
M'apprend comment il faut gouverner sa richesse;
Je sais par quels moyens, inventés à présent,
On double sa fortune en économisant ;
J'économiserai, non pas sur ma toilette...
Sans le luxe il n'est pas une femme complète...
Mais sur le reste enfin; chaque soir, demandant
Leur gain aux comptes bleus d'un habile intendant ;
Ouvrant l'œil sur les mains de tous mes domestiques,
Et corrigeant le vol par les mathématiques.

ARTHUR.

Parfait !
(A part.)
Il faut frapper un grand coup à l'instant.

MADAME DE LORMEAU.

Vous m'approuvez ?

ARTHUR.

Très-fort !.. réfléchissez, pourtant,
Ou bien réfléchissons tous deux... Vous êtes née
Pour le veuvage, ou bien pour un noble hyménée :
Non, vous ne devez pas vous chercher un mari
Chez les agriculteurs fauchés dans le Berri ;
Bons bourgeois qui, là-bas, dans leur vie indolente,
Cultivent la vertu, chez eux, comme une plante.
Ce qu'il vous faut, à vous... sans être nécroman,
Je le sais... il vous faut un héros de roman,
Un idéal, un type, un rêve blond, une âme
Qui supprime le corps au regard de la femme,
Un poëte nourri de fleurs et d'hydromel :
L'antipode, en un mot, de monsieur Duhamel.

MADAME DE LORMEAU, à part.

Ce jeune homme appartient à la littérature !
Quel œil observateur !

ARTHUR.

Quant à la procédure...

MADAME DE LORMEAU.

Ah ! vous savez ?

ARTHUR.

Je sais tout.

MADAME DE LORMEAU.

Dame! on le voit bien!

ARTHUR.

J'ai consulté le Code...

MADAME DE LORMEAU.

Et...

ARTHUR.

Vous ne risquez rien.

MADAME DE LORMEAU.

C'est ce que l'avocat me dit.

ARTHUR.

Il faut le croire,
Un avocat ne ment jamais dans son prétoire...
Au reste, c'est fort clair, et les faits sont constants
Dans l'espèce; le droit se prescrit à cent ans.
Liberandi modus : c'est un moyen commode
Pour se débarrasser d'une dette; le Code,
Quelquefois nébuleux, sur ce point est précis;
Articles deux cent trois, deux cent cinq, deux cent six!

MADAME DE LORMEAU, lui serrant la main.

Merci! vous éclairez une femme novice,
J'en aurai souvenir, Monsieur, c'est un service!

ARTHUR.

Lorsque j'ai des amis, je suis toujours heureux,
Si je fais en passant quelque chose pour eux.

MADAME DE LORMEAU.

Du monde et de Paris je n'ai pas l'habitude;
Conseillez-moi : je suis une femme d'étude...
Oui, depuis l'heure où feu de Lormeau, mon mari,
Expira, je n'ai plus qu'un passe-temps chéri :
Les lettres et les arts... Une veuve révère
La mémoire d'un mort par un travail sévère;
Elle évite, le jour, de dangereux ennuis,
Et, la plume à la main, elle occupe ses nuits.
Nos fautes sont toujours filles de la paresse;
Je vais avoir bientôt cinq volumes sous presse.
Ah! chez Michel Lévy quand ils verront le jour,
Ces enfants de ma plume, enfants d'un seul amour,
Guidez leurs premiers pas; vous connaissez sans doute

Les critiques puissants que tout Paris redoute?
Veuillez les adoucir alors en ma faveur ;
Vous êtes mon conseil, vous serez mon sauveur!

ARTHUR, avec dignité.

Madame, je connais, d'après un long usage,
Les petits soins qu'on donne aux livres en bas âge ;
Si vos jeunes enfants ont besoin d'être aidés,
Comptez sur moi...

MADAME DE LORMEAU.

Merci !

ARTHUR.

Restez veuve et plaidez.

MADAME DE LORMEAU.

C'est résolu.

ARTHUR.

J'attends le premier exemplaire.

(Il prend le dossier sur le guéridon pour le remettre à madame de Lormeau.)

MADAME DE LORMEAU, à part.

Quel jeune homme charmant! Tout ce qu'il faut pour plaire!

(Arthur la salue respectueusement; elle sort par le fond.)

SCÈNE XV.

ARTHUR, puis DUHAMEL.

ARTHUR.

Victoire sur deux points !

(Il frappe à la porte de la chambre, M. Duhamel parait.)

Vous resterez garçon.

(En ce moment, deux domestiques entrent un large guéridon sur lequel est un déjeuner; ils le posent à droite.)

La veuve reste veuve...

DUHAMEL.

Enfin! quelle leçon!

ARTHUR.

Votre éducation bientôt sera complète;
Mais il faut un peu plus soigner...

DUHAMEL.

Quoi?

ARTHUR.

La toilette!

DUHAMEL, à part, se regardant.

Suis-je donc mal vêtu ?

ARTHUR.

C'est un point important;
Le public est moqueur ici...

DUHAMEL.

Je suis pourtant
Convenablement mis.

ARTHUR.

Les modes sont antiques
En province...

DUHAMEL.

Au Berri, dans les fêtes publiques,
Mon habit n'a jamais produit mauvais effet ;
Nous n'avons qu'un tailleur, celui du sous-préfet...
Nous en reparlerons... déjeunons au plus vite.

(Il s'assied à table à droite, et met un bout de sa serviette au haut de son gilet. — Arthur lui fait un signe respectueux.)

ARTHUR.

Si quelqu'un vous voyait ainsi... car on invite
Souvent les étrangers à Paris...

DUHAMEL.

S'il vous plaît,
Cela veut dire?...

ARTHUR.

Eh bien ! la serviette au gilet
N'est plus reçue, il faut l'ouvrir et puis l'étendre
Sur les genoux.

DUHAMEL, ôtant sa serviette et la mettant sur ses genoux.

Ainsi?

ARTHUR.

Bien.

DUHAMEL.

J'ai besoin de prendre
Quelques bonnes leçons de tenue, et tu dois...

(Mouvement d'Arthur.)

Vous devez...

(Il coupe le pain avec le couteau.)

ARTHUR.

Prenez garde! on se sert de ses doigts
Pour rompre le pain.

DUHAMEL.

Oh! quel bon maître! il me forme.

ARTHUR.

Ne coupez pas le pain, c'est une faute énorme!
Celui qui le ferait, et même à son insu,
Au faubourg Saint-Germain ne serait pas reçu.

DUHAMEL.

C'est grave!

ARTHUR.

Et voyez donc comme il faut peu de chose
Pour se perdre à Paris!

DUHAMEL.

Oh! c'est effrayant!

(Il boit un œuf et dépose la coque sur une assiette.)

ARTHUR.

J'ose
Relever un détail qui peut paraître oiseux...
Quand vous les avez bus, que faites-vous des œufs?

DUHAMEL.

Je n'en fais rien.

ARTHUR.

Monsieur, c'est une chose encore
Grave.

DUHAMEL.

Apprenez-la-moi; franchement, je l'ignore.

ARTHUR.

On le voit.

DUHAMEL.

Démontrez.

ARTHUR.

Mais, pour être précis,
Un professeur toujours doit démontrer assis,
Et je n'ose...

DUHAMEL, se levant.

Un instant, mettez-vous à ma place.

ARTHUR, s'asseyant à la place de Duhamel.

On prend son couteau.

DUHAMEL.

Bien.

ARTHUR.

En deux coups on les casse,

Et quand ils sont bien plats sur l'un et l'autre bout,
On les donne au valet qui les attend debout.

(Il donne l'assiette à Duhamel.)

DUHAMEL.

Très-bien!

(Duhamel veut s'asseoir, Arthur le repousse doucement.)

ARTHUR.

Ce n'est pas tout... C'est à table qu'un homme
Montre d'abord qu'il est un parfait gastronome,
Et, de plus, un convive exempt de tout défaut,
A Paris élevé chez les gens comme il faut.

DUHAMEL.

Continuez.

ARTHUR.

C'est que, vraiment, on ne peut croire
Combien peu d'étrangers savent manger et boire!

DUHAMEL.

Cela paraît si simple!

ARTHUR.

Oh! regardez d'abord
Mes mains rasant la table et toujours sur le bord,
Sans gêner mes voisins; chacun est à son aise...
Je me sers du couteau, suivant la mode anglaise,
Pour aider la fourchette; observez bien... on doit
Conserver sec et pur l'ongle de chaque doigt...
Le torse en relief toujours, et que la bouche
Épuise sans fracas le verre qu'elle touche.
Je vais vous démontrer ce que je vous ai dit...
On vous sert du bordeaux...

(Il fait signe à Duhamel.)

Votre bras s'arrondit
Très-gracieusement, et la

(Duhamel prend une bouteille de bordeaux et sert à boire.)

tête s'incline
Pour humer le parfum du verre mousseline;
Et quand vous avez bu... suivez ce mouvement...

DUHAMEL.

Je suis.

ARTHUR.

Vous replacez le verre lentement.

DUHAMEL.

J'ai compris.

ARTHUR.

C'est ainsi que le verre se pose :
Voyez...

DUHAMEL.

Mais à quoi donc la province s'expose
Quand elle vient dîner à Paris sans façon,
Comme on dîne au Berri !... Quelle bonne leçon !...
(A Arthur.)
Continuez.

ARTHUR.

Passons au changement d'assiette...
(Il fait signe à Duhamel de prendre une assiette, Duhamel la présente.)
On la présente... bien !... Vite un coup de serviette...
(Duhamel essuie l'assiette.)
Vous la prenez ainsi... Par un contour moelleux
Vous étendez le bras... jamais rien d'anguleux...
Et puis, sans regarder celui qui la présente,
Avec mes deux voisins je cause, je plaisante ;
Je suis grave ou léger ; je discute, je ris,
Mais toujours sans éclats,.. le rire de Paris.

DUHAMEL.

Oh ! parfait !

SCÈNE XVI.

ARTHUR, DUHAMEL, FRONTIN.

DUHAMEL, au bruit des pas de Frontin, se retourne, est embarrassé, et dit, lui présentant la serviette :

Frontin ! tiens ! le maître est fort novice
Au métier...

FRONTIN, refusant.

Je ne suis plus à votre service...
Monsieur...
(Il jette la serviette sur le canapé.)

ARTHUR, détournant l'attention de Duhamel.

C'est un détail... Je poursuis ma leçon...
Un jour, vous invitez un ami...

DUHAMEL.

Sans façon...

ARTHUR.

Avec façon, toujours!... Un ami qu'on invite,
Et qu'on voit poliment accourir au plus vite,
A six heures, vous fait honneur en acceptant
Votre dîner...

(A Frontin.)

Soyez l'ami pour un instant...

(Il fait signe à Frontin de s'asseoir. — Frontin prend la serviette sur le canapé et s'assied à table.)

Vous le faites asseoir, toujours à votre droite.
Rien de mesquin, et point d'économie étroite :
Lisez Trimalcion, chapitre des Festins,
Et vous verrez comment les convives latins
Étaient reçus chez eux dans leur illustre ville ;
Ils servaient au rôti toujours du... léoville
Quarante-deux...

(Se retournant vers le guéridon.)

J'ai lu le nom de ce bordeaux
Là, tout près... son parrain l'a marqué sur le dos.

(Il fait signe à Duhamel.)

Versez donc pour l'ami... Par des regards sévères
N'arrêtez pas vos gens s'ils remplissent les verres;
Laissez remplir...

(Duhamel verse le léoville.)

FRONTIN.

Laissez...

ARTHUR.

Il faut à des amis
Des filets de chevreuil, des perdreaux en salmis...

(Il mange et boit en parlant, Frontin l'imite.)

Des faisans parfumés avec la truffe noire;
C'est alors qu'un ami met son bonheur à boire,
Lorsque le goût du maître a si bien assorti
Le bouquet du bordeaux à l'odeur du rôti.

DUHAMEL, ému, à part.

Quel parfum! j'en ai faim!

ARTHUR.

Par moments, une pause
Pour se donner le temps de manger... puis, on cause
Sur la bonté des plats...

FRONTIN, avec une distinction affectée.

Ce salmis est fort bon.

ARTHUR, avec modestie.

Mon chef est soigneux.

FRONTIN.

Mais ce coulis au jambon
Donne une soif d'enfer...

ARTHUR.

Enchanté qu'il vous plaise...
Et l'on échange un *toast*, sans rien dire, à l'anglaise,
En s'inclinant... suivez bien mes yeux et ma main.

(Arthur et Frontin se saluent et boivent.)

DUHAMEL.

Mais ce repas pourrait durer jusqu'à demain?

ARTHUR.

Oh! non...

FRONTIN.

Jusqu'à ce soir...

ARTHUR.

Voilà les mœurs antiques;
Nous les ressuscitons.

SCÈNE XVII.

GASTINEAU, DUHAMEL, FRONTIN, ARTHUR.

GASTINEAU, s'arrêtant ébahi.

Tu sers tes domestiques?

DUHAMEL, au comble de l'embarras allant à Gastineau.

Ne remarque donc pas...

GASTINEAU.

C'est un genre nouveau.

DUHAMEL.

L'apparence...

GASTINEAU.

Paris a fêlé son cerveau.

DUHAMEL, irrité à Frontin.

Aussi, c'est ce maraud qui me...

FRONTIN, qui s'est levé.

J'avais envie
De faire un bon repas, une fois en ma vie,

Et je le commençais, lorsque j'ai vu venir
Monsieur Gasti...

DUHAMEL, furieux.

Tais-toi !

FRONTIN, emportant son assiette et son verre.

Mais je vais le finir.

(Il sort par le fond.)

ARTHUR, se levant, à Gastineau.

Monsieur prenait ici des leçons du grand monde.

GASTINEAU.

Duhamel !

DUHAMEL.

Que veux-tu, mon cher, que je réponde ?..
Je suis provincial... je dîne au cercle... il faut
Aux tables de Paris n'être pas en défaut.

GASTINEAU.

Au cercle ! j'en arrive, et son dîner sans doute
Ne t'engraissera point...

DUHAMEL.

Je sais le prix, il coûte
Six francs, c'est un peu cher ; mais on lit les journeaux,
On parle politique, on joue aux dominos,
On se chauffe en hiver : c'est une économie ;
Seulement pour dîner, six heures et demie,
C'est un peu tard pour moi ; mes heures de repas
Sont...

GASTINEAU.

Tranquillise-toi, tu n'y dîneras pas...
Chez toi, tu trouveras une table meilleure ;
Ainsi, mon cher, ne prends aucun souci de l'heure.

DUHAMEL.

Le nombre des dîneurs est-il donc limité ?

GASTINEAU.

Le scrutin te rejette à l'unanimité.

DUHAMEL.

Que dis-tu ?

GASTINEAU.

C'est ainsi.

DUHAMEL.

Mais voyons... tu plaisantes ?

GASTINEAU.

Non, c'est très-sérieux, et si tu te présentes
Ailleurs, le même sort te sera réservé,
Et cet antécédent te met sur le pavé.

DUHAMEL.

Qui m'a donc desservi ?

GASTINEAU.

Moi !

DUHAMEL.

Toi ?

GASTINEAU.

Cela t'étonne ?
Au club, excepté moi, tu ne connais personne,
J'ai donc donné sur toi des renseignements faux,
Supprimant les vertus, inventant les défauts ;
Je me suis élevé même à la calomnie :
Je t'ai dépeint comme un semeur de zizanie,
Un être inhabitable, un adroit boute-feu,
Corrigeant la fortune à la table du jeu.
Et même aux *douze-points*, par des secrets intimes,
Prenant un quatuor de rois illégitimes ;
Mais si de ton château tu reprends le chemin,
En plein cercle, je vais me rétracter demain.

ARTHUR, bas à Duhamel.

C'est une insulte !

DUHAMEL, furieux.

C'est une insulte !

ARTHUR, bas à Duhamel.

Très-grande !

DUHAMEL.

Oui, très-grande !

GASTINEAU.

Allons donc !

ARTHUR, bas à Duhamel.

Il faut qu'on vous en rende
Raison, et sur-le-champ.

DUHAMEL.

Vous m'en rendrez raison !
Un Duhamel toujours garde pur son blason.

ARTHUR, bas à Duhamel.

Très-bien !

GASTINEAU.

Il s'est fâché, je crois ; autre folie !
Un ami de vingt ans !

DUHAMEL.

Monsieur, je vous supplie
D'être mon ennemi ; vous me blesserez moins !

GASTINEAU.

Il faut...

DUHAMEL, toujours ferme.

Sortir ! chez vous attendez mes témoins.

GASTINEAU ; il fait un geste de résignation, à part, en sortant.

Bah ! j'ai fait mon devoir ! que le diable t'emporte !

SCÈNE XVIII.

DUHAMEL, ARTHUR.

ARTHUR, à part.

J'ai fait le mien aussi... je l'ai mis à la porte.

(Duhamel se laisse tomber sur un fauteuil.)

Ceux qui me gêneront passeront tous par là.
Veut-on voir un Frontin moderne ?.. me voilà !..

(Il rentre par le fond.)

SCÈNE XIX.

DUHAMEL, FRONTIN, chargé de paquets et en paletot, entrant par la droite.

DUHAMEL, qui s'est retourné au bruit des pas de Frontin.

C'est toi ! vieux serviteur ?

FRONTIN.

Que Monsieur me pardonne !
Mais je suis son égal ; ce paletot me donne
L'égalité du rang ; j'ai vendu ce matin
Ma livrée, et je suis alors monsieur Frontin.

DUHAMEL.

Soit ; je ne suis pas fier...

(À part.)

C'était bien le modèle
Des valets du bon temps !.. Viens, mon ami fidèle,

Viens, mon égal...

FRONTIN, attendri.

Monsieur...

DUHAMEL.

Donnez-moi votre main...
Vous partez ?

FRONTIN.

Il le faut.

DUHAMEL.

Sans attendre demain ?

FRONTIN.

Demain je serai loin.

DUHAMEL.

Eh bien ! je vous regrette,
Mon pauvre vétéran...

FRONTIN.

Admis à la retraite.

DUHAMEL.

Vous aviez des défauts !

FRONTIN.

Qui n'en a pas ?

DUHAMEL.

Souvent
Vous alliez visiter la cave en vous levant.

FRONTIN.

En été.

DUHAMEL.

Vous aviez l'habitude obstinée
De dormir l'œil ouvert toute la matinée.

FRONTIN.

En hiver.

DUHAMEL.

Quelquefois, je trouvais, en laissant
Mon secrétaire ouvert, un louis d'or absent.

FRONTIN.

Ce louis avait tort !

DUHAMEL.

Vous me parliez en maître,
Si haut, qu'un étranger n'aurait pu reconnaître
Lequel de nous, chez moi, commandait.

FRONTIN.

J'en conviens.

DUHAMEL.

Mais le cœur était bon.

FRONTIN.

C'est vrai.

DUHAMEL.

Je me souviens
De cent beaux traits remplis d'un dévoûment sincère;
Je puis vous les citer...

FRONTIN.

Ce n'est pas nécessaire,
Car je crains de manquer le convoi de midi.

(Un garçon entre une lettre à la main et la remet à Frontin.)

Et voilà ce qui fait son erreur...

(Au garçon.)

Etourdi!

(A Duhamel.)

Cette lettre est pour vous, le nom est sur l'adresse.

DUHAMEL, se levant et prenant la lettre.

C'est de mon avoué... bon! ceci m'intéresse...

(Il lit et laisse tomber la lettre.)

J'ai perdu mon procès!

FRONTIN.

Monsieur, criez plus bas!

DUHAMEL.

Malheureux!

FRONTIN.

Malheureux! je ne vous quitte pas.

DUHAMEL.

C'est ce coquin d'Arthur!.. voilà ce qu'il me coûte!

FRONTIN.

Mon neveu?

DUHAMEL.

Ton neveu!

FRONTIN.

C'est possible.

DUHAMEL, haletant.

Oui, sans doute.
Et je viens d'insulter un ami de vingt ans!..

FRONTIN.

Je ne reconnais point les Frontins de ce temps...
Les maîtres sont perdus si cela se propage.

DUHAMEL *prend une résolution.*

Viens, suis-moi.

FRONTIN, *joyeux.*

Nous allons chez vous?

DUHAMEL.

Non, chez Lepage,
Au tir de pistolet, pour me faire la main;
Il faut que pour Arthur je me batte demain!

FRONTIN.

Coquin!

DUHAMEL.

Et les témoins! pour les affaires graves
On n'en trouve plus.

FRONTIN.

Non.

DUHAMEL.

Je prendrai deux zouaves.

FRONTIN.

Non pas... prenez...

DUHAMEL.

Qui donc?

FRONTIN.

Mais le chemin de fer!

DUHAMEL.

A mon secours, mon Dieu! Paris est un enfer!

SCÈNE XX.

FRONTIN, MADAME DE LORMEAU, GASTINEAU, DUHAMEL.

(*Madame de Lormeau au bras de Gastineau.*)

GASTINEAU.

Me voilà!

DUHAMEL.

Gastineau!

GASTINEAU, *à Duhamel.*

Vois donc si je suis sage,

Moi, mon pauvre insensé!.. Je rencontre au passage
Madame de Lormeau, fière de son succès,
Et je te la ramène...

MADAME DE LORMEAU, à Duhamel.

Oui, Monsieur, le procès
Est perdu, mais pour vous...

DUHAMEL.

Eh bien! je me résigne.
Qu'exigez-vous? voyons; écrivez et je signe;
J'ai hâte d'en finir. Combien vous est-il dû?

GASTINEAU.

Un procès n'est jamais ni gagné ni perdu;
Et d'appel en pourvoi, si la cause est suivie,
Un procès peut durer tant que dure la vie.
Ainsi, mariez-vous tout de suite, voilà
Comme on fait une fin à ces affaires-là.

MADAME DE LORMEAU.

Mais cet arrangement n'a rien qui me déplaise,
Si l'on peut me prouver que ma cause est mauvaise.

GASTINEAU.

Le meilleur des procès, Madame, ne vaut rien....
C'est moi qui vous le dis en bon français.

MADAME DE LORMEAU.

Très-bien!
Vous m'avez convaincue. — Il me vient une idée.

DUHAMEL.

Elle doit être bonne.

MADAME DE LORMEAU.

Oui, je suis décidée
A rester veuve.

FRONTIN.

Bon!

DUHAMEL.

Et le procès?

MADAME DE LORMEAU.

Jugeons
Nous-mêmes notre affaire entre nous, transigeons.
Vous étiez imprudent, moi j'étais étourdie:
Oh! ne finissons pas comme une comédie,
Et puisque le procès vous semble hasardeux,
Ne nous marions pas; partageons à nous deux,

Sans avocat, sans juge.

DUHAMEL.

Au fait, l'idée est bonne!

MADAME DE LORMEAU.

Nous ne faisons ainsi le malheur de personne;
Nous vendons l'héritage et j'en prends la moitié.

DUHAMEL.

Et si je perds l'amour?

MADAME DE LORMEAU.

Vous gagnez l'amitié.

DUHAMEL.

Conclu!

MADAME DE LORMEAU.

Grâce aux avis d'un conseiller fort sage,
Qui porte le bon sens écrit sur son visage,
Un jeune homme qui parle aussi bien qu'un journal,
Et qui m'avait prédit mon gain au tribunal....

DUHAMEL, interrompant.

Un jeune homme?...

MADAME DE LORMEAU.

Charmant! Je ne veux pas vous taire
Qu'il désirait vous voir rester célibataire.

DUHAMEL, se doutant d'Arthur.

Son nom?

MADAME DE LORMEAU.

Ah! je l'ignore...

DUHAMEL.

Est-il encore ici?

MADAME DE LORMEAU, regardant.

Mais je ne le vois pas avec nous... Le voici.

(Arthur entre par le fond.)

DUHAMEL.

Mon domestique Arthur!

MADAME DE LORMEAU.

Ah! c'est un domestique!

(A Duhamel.)

Il nous a fait de vous une belle critique!

GASTINEAU.

C'est lui qui nous brouillait!

DUHAMEL, à part.

Il a fait tout le mal!

FRONTIN, à part, en désignant Arthur.

Que de génie il faut pour faire un animal!

DUHAMEL, à Arthur.

Approche donc, maraud!

ARTHUR.

Monsieur, je vous conjure
D'user de tous vos droits, en supprimant l'injure.
Nous pouvons, vous et moi, nous passer d'avocat :
Il s'agit de signer un bon certificat.

DUHAMEL.

Va-t'en au diable!

ARTHUR.

Oh! non ; j'exige tout de suite
Ce bon certificat sur ma bonne conduite.
Si vous me refusez cette attestation,
Monsieur, je vous attaque en diffamation.

DUHAMEL.

C'est fort!

GASTINEAU.

On n'écrit rien...

ARTHUR, à Gastineau.

Vous oubliez peut-être
Que je n'ai pas l'honneur, Monsieur, de vous connaître ;
Je ne m'adresse point à vous ..

DUHAMEL, repoussant le livret présenté par Arthur.

Je n'écris pas!

ARTHUR.

Alors, je vais trouver mon huissier de ce pas!

(Il sort par le fond.)

DUHAMEL.

Et donne à ton huissier ma nouvelle demeure :
Chemin de fer du Centre, en wagon, dans une heure!

FRONTIN, à Duhamel.

Et, s'il vous faut encore un Frontin, il vaut mieux
Renoncer au plus jeune, et reprendre le vieux.

FIN.

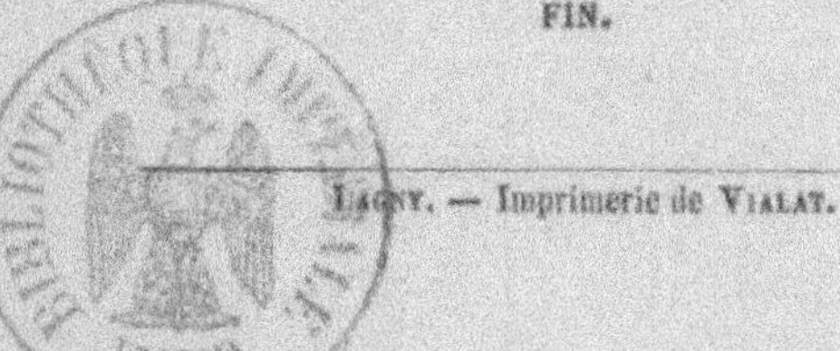

LAGNY. — Imprimerie de VIALAT.

www.ingramcontent.com/pod-product-compliance
Ingram Content Group UK Ltd.
Pitfield, Milton Keynes, MK11 3LW, UK
UKHW021507260726
13993UKWH00004B/1594